LES

ÉDIFICES RELIGIEUX

DE

LOBBES

PAR

TH. LEJEUNE

Extrait de la *Revue de l'Art chrétien*, IIᵉ série, tome VI.

ARRAS

IMPRIMERIE DE LA SOCIÉTÉ DU PAS-DE-CALAIS

rue d'Amiens, 41 et 43

1877

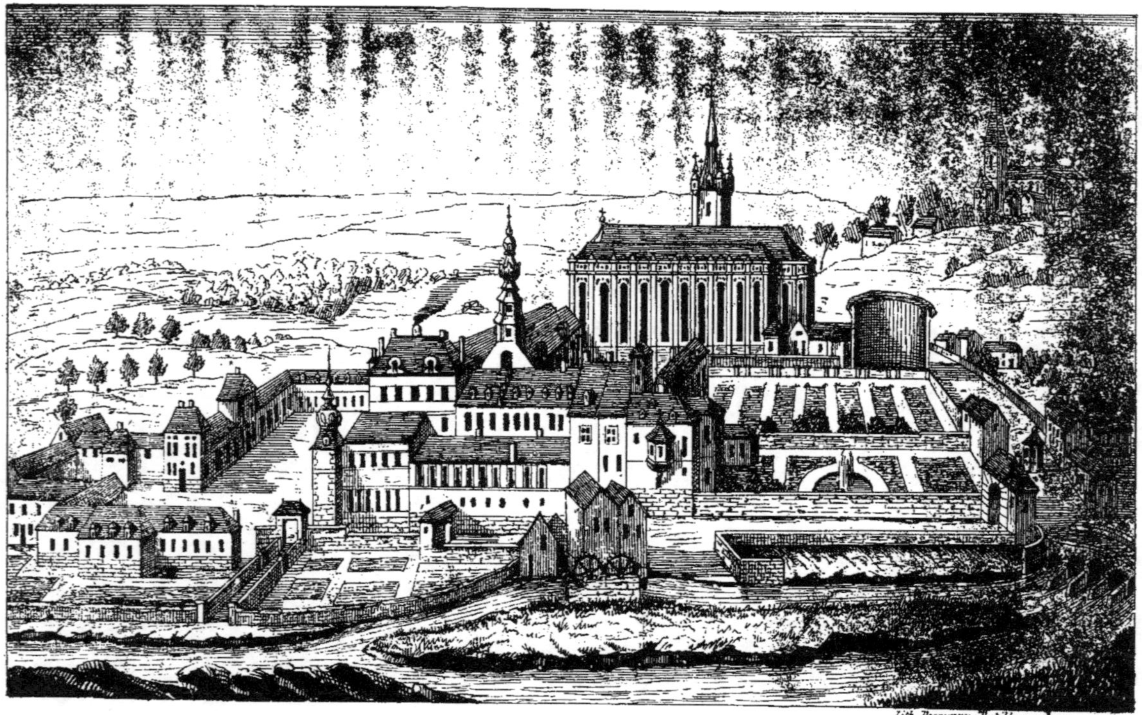

L'ABBAYE DE LOBBES EN 1740.

LES

ÉDIFICES RELIGIEUX

DE LOBBES

Les bords de la Sambre, si célèbres dans les fastes de l'histoire par la lutte héroïque que soutinrent les Nerviens contre le conquérant des Gaules, acquièrent une renommée non moins grande, mais d'un autre genre, par le choix qu'en firent plus tard un grand nombre d'âmes pieuses pour se consacrer au Seigneur et répandre dans les cantons voisins les bienfaits de la civilisation chrétienne. Vers le point où cette rivière prend naissance, on distinguait le monastère d'Hautmont, fondé en 648, par un leude austrasien, Madelgaire, et celui de Maubeuge, en 658, par une dame noble, Aldegonde. Au-dessous de ce dernier, le couvent de la Thure, créé en 1244 par Nicolas, seigneur de Barbençon. Plus loin on voyait les abbayes de Lobbes et d'Alne élevées par un brigand converti, en 654-657 ; et à peu de distance de l'endroit où la Sambre se joint à la Meuse, le monastère de Fosses, bâti vers 648, par un missionnaire irlandais, Feuillien ou Foillan, puis l'abbaye de Floreffe, due à la piété de Godefroid, comte de Namur et d'Ermesinde, son épouse (1121).

Mais, parmi ces maisons religieuses, aucune n'égala l'abbaye de Lobbes, tant sous le rapport de la culture des sciences et des arts, que sous celui de la splendeur de ses monuments.

I.

Vers le milieu du VIIe siècle, la terre de Lobbes appartenait à un puissant seigneur, nommé Hydulphe, qui était issu de l'illustre famille de Walbert II, gouverneur du *pagus Hainoensis*. Hydulphe, rempli du zèle qui poussait les hommes opulents de son époque à créer des établissements religieux, concéda à un disciple de S. Aubert, évêque de Cambrai, nommé Landelin, un vallon désert et couvert de bois sur les rives de la Sambre, au lieu même où cette rivière reçoit le ruisseau de Coulby, anciennement le *Lobach*. Ces cours d'eau mélancoliques et silencieux, l'aspect pittoresque de leurs rives enfermées de collines doucement ondulées alternant avec quelques rochers inégalement découpés, les beaux et profonds ombrages des bois, les côteaux couverts de tapis odorants de verdure et de fleurs, tout faisait de cet endroit une solitude très-propre à exalter pieusement et à élever des âmes à la contemplation des beautés célestes. Aidé de ses compagnons Adelin et Domitien qui l'avaient suivi dans un pèlerinage à Rome, Landelin se met à l'œuvre, abat les arbres, construit quelques cellules et jette les fondements d'une église sous l'invocation du prince des Apôtres[2].

Telle est l'origine de l'abbaye de Lobbes qui devint du vivant même de son fondateur, le monastère le plus riche de nos contrées. Les rois d'Austrasie prirent cette retraite cénobitique sous leur protection, la dotèrent de plusieurs *villæ* et accordèrent aux religieux des terres avec des serfs des deux sexes pour les cultiver. Ces donations la firent passer dans la suite pour fondation royale[3].

Au moyen de ces largesses, l'abbé Ursmer, successeur de Landelin, porta toute sa sollicitude sur l'établissement qui lui était confié et il l'agrandit considérablement. Dans un voyage qu'il fit à Rome, il obtint du pape Sergius, qui avait accordé l'exemption à l'abbaye de Lobbes, les plus grands privilèges pour lui et ses successeurs.

---

[1] Fulcuin, *Gesta abbatum Lobiensium,* cap. 1, apud Pertz. *Monumenta Germaniæ historica. Scriptores,* t. IV, p. 55.

[2] Mabillon, *Annales ordinis S. Benedicti,* t. I, p. 428. — Fulcuin, *loc. cit.,* cap 3.

En outre, il rapporta un trésor précieux que lui offrit le souverain Pontife : une partie notable des ossements de S. Pierre et une relique insigne de S. Paul, enchâssées dans un riche reliquaire [1].

Peu de temps après son retour de Rome, S. Ursmer que le pape Sergius avait promu à l'épiscopat, consacra l'église abbatiale de Lobbes, et la dédia au Seigneur, en l'honneur de S. Pierre, prince des Apôtres, de S. Paul, le docteur des Nations, et de tous les apôtres du Christ. On fixe cette cérémonie religieuse à l'année 697 de l'ère chrétienne, le 7 des calendes de septembre, sous Pepin de Héristal, maire du palais. Le prélat y déposa avec une solennité extraordinaire les reliques qu'il devait à la bienveillance du chef de l'Église [2].

Le souverain Pontife en donnant à Lobbes des preuves de son affection paternelle défendit expressément à tout fidèle, prêtres ou laïques, de choisir ou de prendre sa sépulture dans l'église abbatiale, le préau du cloître ou l'enclos du monastère. En portant cette défense, il menaça d'excommunication quiconque oserait l'enfreindre. S. Sergius voulut ainsi inspirer une grande vénération envers les restes du chef des Apôtres et empêcher que l'église abbatiale ne changeât le titre de S. Pierre en celui d'un autre protecteur [3].

L'abbé Ursmer ne tarda pas à donner la preuve de sa soumission envers le Saint-Siège, qui l'avait comblé d'insignes faveurs. Il fit bâtir sur le sommet d'une colline escarpée, au pied de laquelle se trouvait l'abbaye, une église entourée d'un cimetière pour la sépulture des religieux et des familiers de la maison. Après l'avoir placée sous l'invocation de la Ste Vierge, il la destina à servir d'oratoire aux habitants du voisinage, et spécialement aux femmes auxquelles l'entrée du temple abbatial était interdite, excepté à certains jours de l'année [4].

---

[1] GILLES WAULDE, *Chronique de Lobbes*, p. 332.

[2] FULCUIN, *loc. cit.*, cap. 4.

[3] *Fundatio monasterii Lobbiensis*, auctore HUGONE, priore. Ms. de l'abbaye de Lobbes, p. 8.

[4] FULCUIN, *Gesta abbatum Lobiensium*, cap. 4.

II.

L'abbaye de Lobbes n'eut point à subir les ravages que les Normands exercèrent dans nos contrées, vers l'an 880. Les moines prévenus à temps de l'arrivée des hordes scandinaves purent se mettre en sûreté avec tous leurs trésors dans la forteresse de Thuin, qui était inexpugnable. Ces barbares assouvirent leur rage en se livrant partout ailleurs à de monstrueuses atrocités et en dévastant les nombreuses *villæ* ou métairies de l'église de Saint-Pierre [1].

Le 15 novembre 888, ce monastère passa sous la domination des évêques de Liége, en la personne de Francon, par la donation que lui en fit Arnould, roi de Germanie, à la demande des nobles Engiscald et Eringus [2]. Ce prélat reconnut que l'église abbatiale de Lobbes ne répondait plus aux besoins de la communauté qui s'était considérablement accrue. En effet, l'édifice religieux était trop exigu et peu digne d'une abbaye royale. On le rasa et on le remplaça par une construction plus en harmonie avec la prospérité du monastère. Les travaux ayant traîné en longueur ne furent terminés que sous l'abbé Étienne, en 903. Dodilon, évêque de Cambrai, présida avec ce prélat la bénédiction du nouveau temple abbatial [3].

On assure que cet édifice était d'une beauté remarquable et n'avait point d'égal dans la contrée environnante. Malheureusement la description que le chroniqueur de Lobbes nous en a laissée est trop incomplète pour qu'on puisse se faire une idée exacte de la régularité de son architecture. On sait qu'il était partagé en trois nefs par deux rangs de colonnes cylindriques couronnées de chapiteaux. Sur la fin du Xe siècle, on pouvait encore distinguer quelles parties avait consacrées chacun des deux prélats, Dodilon et Étienne [4].

A côté de l'église abbatiale, dans l'enceinte même du monastère,

---

[1] DEPPING, *Histoire des Normands*. Bruxelles, 1844; t. I, p. 170.

[2] MIRÆUS, *Opera diplomatica*, t. II, p. 650.

[3] FULCUIN, *Gesta abbatum Lobiensium*, cap. 18. — MABILLON, *Annales ordinis S. Benedicti*, t. III, p. 305. — BALDERIC, *Chronicon Cameracense et Atrebatense*, lib I, cap 64.

[4] FULCUIN, *Gesta abbatum Lobiensium*, cap. 18. — SCHAYES, *Histoire de l'architecture en Belgique*, t. I, p. 291.

on en avait construit une seconde en l'honneur de S. Paul. Celle-ci fut entièrement brûlée avec les cloîtres avoisinants, lors de l'invasion des Hongrois, en 955, et ce ne fut que sous l'abbatiat de Fulcuin qu'on la releva de ses ruines (965-990). Ce prélat entreprit encore la construction d'un réfectoire, à l'usage des religieux, et la bénédiction en fut faite par Tetdon, évêque de Cambrai. On voyait à l'entrée de cette salle un vestibule où des sources abondantes coulaient par des conduits souterrains et disposés avec tant d'art qu'on eût cru les voir jaillir de leur source. Après ces travaux, il porta son attention vers les ambulances qu'il rétablit, et enrichit l'église de Saint-Pierre d'ornements d'un grand prix. D'élégante qu'elle était déjà, il la rendit ainsi plus élégante encore. Il fit couvrir de magnifiques peintures les murailles et la voûte de l'abside ; il orna le maître-autel et celui de Sainte-Croix de retables d'argent, enfin, il dota ce temple d'un candélabre d'argent, d'une couronne de même métal sur le pourtour de laquelle il écrivit des vers, d'un pupitre en bronze ayant la forme d'un aigle dont les ailes servaient à porter le missel, et de deux cloches dont la plus grosse portait cette inscription :

> *Jussu* Fulcuini *me condidit artificis manus Danielis,*
> *ad laudem Triadis.*

Sur la plus petite, on lisait ces mots :

> Fulcuinus *Deo devotus et patrono suo sancto Ursmaro* [1].

L'abbé Hériger, successeur de Fulcuin, montra aussi beaucoup de zèle pour l'embellissement de son monastère. Il travailla à la restauration de l'église de Saint-Pierre, l'agrandit du côté occidental d'une nouvelle chapelle qu'il plaça sous l'invocation de saint Benoît, et l'enrichit de nouveaux ornements. Deux autres abbés de Lobbes, au XIe siècle, témoignèrent le même goût pour les arts et la même ardeur pour augmenter la splendeur de l'abbaye confiée à leurs soins. D'abord, ce fut Ingobrand qui avança beaucoup les travaux entrepris à l'église abbatiale, et Adélard qui les termina entièrement et qui bâtit en outre le portique des cloîtres (1054-1077).

---

[1] Pertz, *Monumenta Germaniæ historica. Scriptores,* t. IV, p. 62.

Cependant, on n'avait pas attendu l'achèvement de ces travaux pour procéder à la bénédiction de l'église de Lobbes, car cette cérémonie eut lieu la quatrième année de l'abbatiat de Hugues III, c'est-à-dire en 1036, sous la présidence de Gérard, évêque de Cambrai, et de Réginard, évêque de Liége,

Au commencement du XII⁰ siècle, l'abbé Fulcard fit construire en pierres la voûte du sanctuaire qui, auparavant, était en bois, et des peintures murales y furent exécutées par un artiste nommé Bernard.

Sous le gouvernement de Lambert (1137-1149), l'abbaye qui avait beaucoup perdu de son éclat par la mauvaise administration de quelques uns de ses prédécesseurs, reconquit toute sa splendeur. Ce prélat porta toute son attention sur les bâtiments claustraux qu'il fit réparer, et reconstruisit l'infirmerie avec l'oratoire de Saint-Paul [1].

III.

L'église de Saint-Pierre de Lobbes, malgré les soins apportés à son entretien pendant le XI⁰ siècle, se trouva bientôt dans un état si déplorable qu'il fallut prendre des mesures pour la réédifier. C'est ce que nous révèle la petite chronique du monastère. On y lit que cet édifice était construit de matières assez viles, qu'on le rebâtit en pierres et qu'il fut couvert en tuiles en 1162 [2]. C'est donc à cette époque que nous devons reporter l'église abbatiale de Lobbes, dont il existe une vue très-ancienne [3]. Ce monument se présente sous la forme d'une croix latine, avec le chœur terminé par une abside à plusieurs pans. Les fenêtres géminées sont surmontées d'une espèce d'*oculus* ou œil-de-bœuf et couronnées par un grand arc ogival. Enfin, la tour carrée qui s'élève en tête du vaisseau est pourvue d'étages recevant le jour par de grandes ouvertures pratiquées sur chaque face, et elle est couronnée d'une pyramide quadrangulaire avec la base garnie de quatre clochetons. Cet ouvrage

----

[1] *Continuatio de gestis abbatum Lobiensium,* apud D'ACHERY, *Spicilegium,* Paris, 1723; t. II, pp. 744-753.

[2] *Breve chronicon Lobiense,* apud MARTINE et DURAND, *Thesaurus novus anecdotorum,* Paris, 1717; t. III, col. 1423.

[3] Cette vue se trouve en tête de la *Chronique d'Arras et de Cambray,* par BALDÉRIC, traduite en français par Faverot et Petit, 1 vol. in-8⁰.

serait donc l'œuvre de l'abbé Françon II, qui fit aussi refaire toutes les constructions, en bois, des cloîtres et du réfectoire, et fit embellir la salle de lecture des moines.

Le silence des annalistes de Lobbes nous porte à croire qu'on travailla peu à l'embellissement du monastère pendant les trois siècles suivants. Les continuateurs de Fulcuin font seulement connaître que l'abbé Robert, mort en 1217, ajouta de nouvelles constructions à l'abbaye, mais sans en spécifier la nature [1].

Sous l'abbatiat de Guillaume Caulier, en 1546, la communauté de Lobbes fut soumise à une terrible épreuve. Au mois de juin de cette année, un incendie occasionné par le feu de la cuisine détruisit de fond en comble l'église de Saint-Pierre et les bâtiments conventuels. Une foule d'objets d'art d'un prix inestimable par leur ancienneté ou par la beauté du travail, ainsi que la riche bibliothèque commencée au Xe siècle par l'abbé Fulcuin, devinrent également la proie des flammes. Guillaume ne se découragea point à la vue d'un aussi affreux désastre ; au contraire, il s'efforça activement de se procurer les moyens de le réparer. Par la sévérité de son administration, il parvint à opérer le recouvrement de presque tous les biens aliénés pendant les guerres qui avaient désolé nos contrées quelques années auparavant. Avec les ressources qu'il rassembla, il se mit à l'œuvre, releva de leurs ruines les bâtiments claustraux et posa la première pierre de la nouvelle église abbatiale, le 2 mai 1550, jour de son quatre-vingtième anniversaire. La mort arrêta l'abbé Caulier au début de sa noble et grandiose entreprise, et son successeur, Dominique Capron, la continua avec beaucoup de zèle [2]. Celui-ci ne put cependant terminer complètement l'œuvre commencée par Caulier, car les courses des sectaires de Calvin l'en empêchèrent. Ce fut donc Ermin François, élu abbé en 1570, qui mit la dernière main aux travaux de l'église abbatiale : il en acheva la décoration intérieure, plaça le pavement en entier, et éleva le frontispice du chœur. Le 27 mai 1576, le suffragant de Malines vint

---

[1] D'ACHERY, *Spicilegium*, t. II, pp. 756-757.

[2] MARTÈNE et DURAND, *Thesaurus novus anecdotorum*, t. III, col. 1430. — FRANÇOIS DE BAR, *Historia Lobiensis*. Ms. de la bibliothèque royale, n° 7746, fol. 406.

consacrer le nouveau temple, dont la magnificence en faisait un des monuments les plus extraordinaires de la Belgique [1].

IV.

A l'époque de la destruction de l'abbaye de Lobbes par les troupes de la République française, le 10 mai 1794, cette maison religieuse passait encore pour l'un des établissements les plus remarquables des Pays-Bas autrichiens. Elle comprenait dans son enclos, qui avait environ une demi-lieue de circuit, les constructions suivantes : l'église, les cloîtres, la salle du chapitre, le réfectoire d'été, le réfectoire d'hiver, le dortoir, l'infirmerie avec l'oratoire de Saint-Paul, la bibliothèque. le quartier des hôtes, le palais abbatial, les logements des domestiques, ceux des jardiniers et des portiers, les boucheries, la brasserie, le moulin sur la Sambre, la ferme, les granges, les écuries, la basse-cour, la forge, le colombier, la pêcherie, les prisons.

L'abbaye de Lobbes était située sur la rive gauche de la Sambre. On y arrivait de l'autre rive par un pont en pierres de taille dont les arches ogivales étaient d'une construction ancienne et fort solide, A proximité de ce passage se trouvait une porte dont nous ignorons le nom. Elle donnait accès à une terrasse de plus de cent pieds de longueur et menant à une basse-cour longue de cinq cents pieds, large de trois cents et environnée d'un superbe corps de logis flanqué de trois pavillons. Ces derniers bâtiments, surmontés de dômes, servaient d'infirmerie, de dortoir pour les moines et de logements pour les domestiques. De cette basse-cour, on se dirigeait vers l'église abbatiale par une grille décorée des armes de l'abbé et percée d'une porte à deux battants. Ce temple magnifique, dont nous avons mentionné la construction après l'incendie de 1546, passait pour une bâtisse d'une hardiesse étonnante. Le vaisseau de l'église qui était sans transsept avait deux cents pieds de longueur sur quatre-vingt de largeur; il était divisé en trois nefs de la même hauteur. Quatorze colonnes en faisceau et sans chapiteaux, ayant à peine trois pieds de diamètre, s'élançaient jusqu'à une hauteur

---

[1] *Breve chronicon Lobiense,* apud **Martène** et **Durand**, *loc. cit.,* t. III, col. 1430.

de quatre-vingt-dix pieds, où elles se bifurquaient pour former les nervures de la voûte de l'édifice partagée en nombreux compartiments et tellement surbaissée qu'elle ressemblait à un plafond. Les murs du chœur et des nefs, renforcés par des pilastres-contreforts, étaient percés par un seul étage de grandes et belles fenêtres à cintres surbaissés. Les riches découpures de ces fenêtres, ainsi que les colonnes de l'intérieur, les corniches et les nervures des voûtes, étaient formées de pierres bleues ; les compartiments des voûtes et des grosses constructions étaient en briques. Comme l'église de Sainte-Waudru, à Mons, celle de Lobbes n'avait point été souillée par la brosse des badigeonneurs : les briques et les pierres avaient conservé leur couleur naturelle. Un archéologue distingué qui a visité en 1834 les derniers et faibles débris de ce monastère assure que les ornements d'architecture, tant dans les détails que dans l'ensemble, présentaient des proportions également régulières, pures et gracieuses, et que la coupe et l'appareil des pierres ne laissaient rien à désirer.

« L'impression qu'on éprouvait en entrant pour la première fois dans ce temple auguste, dit encore ce savant, était l'admiration et la crainte. On était émerveillé de la hardiesse de cette construction ; on s'arrêtait involontairement à l'entrée du portail ; on ne concevait point que des colonnes si grêles, si élancées pussent soutenir le poids de triples voûtes dont la pesanteur était encore accrue par les nervures saillantes de ces compartiments multipliés, qu'on retrouve dans tous les édifices du gothique tertiaire ; on était porté à croire à la prédiction de l'archiduc Albert qui, pendant son séjour au château de Mariemont, près de Binche, visitant pour la première fois l'abbaye de Lobbes, en 1606, s'écria en pénétrant dans l'église : *Hoc templum erit sepulcrum monachorum*. Mais bientôt la crainte faisait place à l'émotion, et après avoir admiré cette œuvre merveilleuse du génie, on désirait connaître le nom de l'artiste qui éleva cet édifice pompeux [2]. »

L'église de Saint-Pierre était partagée en deux parties par une grille de fer chargée d'ornements dorés. Il semblait que cette division

---

[1] A. G. B. SCHAYES, *L'Abbaye et l'Église paroissiale de Lobbes,* dans le *Messager des Sciences historiques.* Gand, 1835, t. II, p. 295.

avait eu lieu pour interdire aux profanes l'accès du chœur, qui était d'une grande beauté. La façade de cette partie du temple, décorée d'un charmant jubé, était construite en marbre d'Italie. Les murailles étaient revêtues d'une riche boiserie à l'antique dont les bas-reliefs étaient sculptés avec beaucoup d'art. La décoration du sanctuaire, de même que celle des chapelles qui bordaient le temple, était d'une grande somptuosité. Le maître-autel qui occupait un hors-d'œuvre, avait trente pieds de saillie. Le portail était d'une belle ordonnance ; le bas-côté septentrional était flanqué d'une tour carrée qui se terminait par une coupole en forme de cloche et entourée de tourillons exigus.

La coutume irrévocablement adoptée par le pape Jean VI et par plusieurs de ses successeurs de ne permettre aucune espèce d'inhumation dans l'enceinte du monastère était cause qu'il n'existait dans le temple abbatial aucune tombe, aucun mausolée, dont un usage contraire a décoré la plupart des autres églises monastiques. Parmi les nombreux tableaux qui décoraient les murailles du monument, il s'en trouvait douze retraçant des scènes de la vie des bienheureux apôtres Pierre et Paul.

Les bâtiments claustraux avaient été rebâtis en même temps et avec autant de luxe que l'église abbatiale. Ils présentaient de superbes portiques à arcades ogivales, qui entouraient un préau carré, au centre duquel on voyait une fontaine saillante représentant Moïse et le serpent d'airain. Ces galeries longues de cent quarante pieds et larges de dix, étaient d'une si grande élévation qu'elles ressemblaient aux nefs d'une église. Près de là, on remarquait la salle capitulaire, qui était belle et vaste, et dont la voûte posait sur des colonnes d'ordre toscan.

À proximité du cloître, on avait ménagé deux réfectoires. Le réfectoire d'été constituait une belle pièce dont la voûte fort surbaissée était soutenue par trois colonnes de marbre sculptées avec art ; deux fontaines y entretenaient une délicieuse fraîcheur.

Les religieux se rendaient à l'église par les cloîtres. Ils avaient à gravir une rampe de dix-sept degrés avant de pénétrer dans le lieu saint. La seconde rampe de l'escalier, composée de douze marches, conduisait au dortoir par de longues galeries pratiquées au-dessus des cloîtres.

Le dortoir avait été construit par l'abbé Théodulphe Barnabé (1728-1752). Ce lieu de repos offrait deux grandes ailes voûtées, élevées et bien percées ; on y voyait une fontaine de marbre qui renouvelait sans cesse l'eau d'un bassin de même pierre. Au-dessus de l'édifice s'élevait un campanile renfermant l'horloge, qui était munie d'un carillon.

Le pavillon voisin, servant d'infirmerie, se composait de quatre salles qui communiquaient à une chapelle bâtie, en 1617, par les soins de l'abbé Guillaume Gilbart. L'heureuse disposition de cet oratoire qui présentait un cul-de-lampe ayant neuf pieds de saillie permettait aux malades de participer aux offices divins sans être obligés de quitter leurs lits.

Au-dessus de l'infirmerie, un couloir en rampe menait à la bibliothèque. C'était une salle ayant soixante-quatorze pieds de longueur sur quarante-trois de largeur, et revêtue d'un superbe lambris de bois. On y conservait une nombreuse collection d'ouvrages à l'usage des moines et une foule de manuscrits rares et précieux [1].

La basse-cour dont il a été question plus haut était contiguë à une autre située à gauche et qui avait cent cinquante pieds de côté ; cet espace était environné de la brasserie, de la boulangerie, etc. A droite, on remarquait une grande porte qui donnait accès à la cour du Donjon, longue de trois cents pieds et large de cent cinquante ; elle était circonscrite par des constructions d'un goût moderne et dignes de fixer l'attention du visiteur. Le corps de logis qui se trouvait à droite était accompagné de deux pavillons ; il y en avait un autre en face qui servait de quartier pour les étrangers. Les appartements composés de plusieurs pièces, entre autres de salons meublés avec goût et embellis par de riches fontaines de marbre, communiquaient au moyen de deux corridors.

Dans le fond de la cour, s'élevait le palais abbatial, dont l'aspect charmait les yeux. La porte d'entrée de cet édifice était couronnée d'un fronton décoré des armoiries de l'abbé. Cette demeure renfermait des appartements dont l'ordonnance et l'ameublement excitaient l'admiration. Le salon, qui avait soixante-quinze pieds de

---

[1] SANDERUS, *Bibliotheca Belgica manuscripta sive elenchus universalis codicum mss. in celebrioribus Belgii cœnobiis, ecclesiis, etc.* Lille, 1641 ; pp. 299-303.

longueur sur vingt-deux de largeur était magnifique. On y voyait en outre une chapelle dont la pièce la plus remarquable était l'autel, que l'on avait surmonté d'une menuiserie dorée exécutée par une main habile. Derrière le quartier de l'abbé s'étendait un beau parterre, au centre duquel quatre dauphins jetaient en croix leur filet d'eau dans un bassin d'environ douze pieds de diamètre.

Outre les parterres que nous avons déjà mentionnés, le monastère de Lobbes comptait encore trois jardins fort bien entretenus et dont l'un contigu à la cour de Sainte-Reinelde s'appelait le jardin de la Pêcherie. Un quatrième disposé en amphithéâtre vers la partie occidentale de l'enclos, était planté de longues allées de charmilles, qui servaient de promenades aux religieux. Plusieurs jets-d'eau conservaient la fraîcheur dans cet agréable séjour. Mais un calvaire, dressé sur une éminence, à côté de la Portelette, apprenait aux moines que les heures de repos sont courtes et que les croix se mêlent à nos joies sur le chemin de la vie [1].

V.

On a vu plus haut que l'église primitive destinée à la sépulture des moines de Lobbes avait été bâtie par l'abbé Ursmer, sur la fin du VIIe siècle. Ce pieux prélat la plaça sous l'invocation de la Sainte Vierge.

L'opinion généralement admise est que l'oratoire construit par ce bienheureux confesseur correspond à l'édifice qu'on appelle aujourd'hui la crypte ou l'église souterraine de Lobbes. En effet, ce fut dans cet oratoire que les moines de Lobbes déposèrent les corps de leurs premiers abbés, S. Ursmer, S. Ermin, S. Théodulphe, et que S. Hydulphe, duc de Lobbes, et S. Abel, archevêque de Reims, furent enterrés. Ces faits sont attestés tant par les chroniques que par les tombeaux qui subsistent encore de nos jours.

L'auteur anonyme du *Mémoir curieux* qui se trouve dans un manuscrit de l'abbaye de Lobbes, affirme que l'église de la Colline avait été agrandie au IXe siècle, sous l'abbé Fulrad, quand ce prélat fit, en 823, l'élévation du corps de S. Ursmer. Il ajoute que le titre

---

[1] SAUMERY, *Les délices du pais de Liége*, t. II, p. 359.

de cette église fut changé à la même époque. Dédiée primitivement
à la Sainte Vierge, elle fut mise alors sous l'invocation de S.
Ursmer, afin que ce « bienheureux l'eût toujours en sa garde et
protection. »

L'église de Saint-Ursmer était pourvue d'un puits, profond de
vingt pieds ; il en est question dans l'histoire des miracles du saint
patron de Lobbes, écrite par Fulcuin ou sous sa dictée, au X⁰ siècle.
On l'avait creusé entre deux autels, à peu de distance de la table de
communion [1]. Ce puits recouvert dans la suite par les degrés du
sanctuaire, se voit encore dans le prolongement de la crypte, et les
habitants de Lobbes y vont parfois puiser de l'eau. On assure que
les deux autels précités sont ceux des chapelles de la Sainte Vierge
et de Saint-Ursmer. La chronique de Lobbes parle de la chapelle de
Notre-Dame et elle en constate l'existence dans la seconde moitié du
X⁰ siècle [2]. C'est là que furent enterrés le célèbre Rathère (974), le
docte Fulcuin (990) et le vénérable Hugues (1053). La chapelle de
Saint-Ursmer qui fut dédiée ensuite à Ste Barbe se trouvait déjà
érigée au commencement du XI⁰ siècle [3]. Le savant Hériger y fut
inhumé en 1007.

La tour centrale qui surmontait l'église de Saint-Ursmer, d'après
une vue ancienne, représentait-elle bien celle dont on parle comme
existante vers le Xe siècle ? Nous ne savons ; cependant on ne peut
nier qu'elle ne date de loin. Cette tour n'était pas un simple campanile, mais sûrement une construction de forme carrée, à trois
étages, percée sur ses faces d'arcades cintrées et terminée par une
pyramide à quatre pans. On ignore l'époque où elle fut abattue, car
les chroniques n'en disent rien.

On sait que sous l'abbé Arnulphe (1077-1094), l'église de la
Colline subit une seconde transformation. Le chanoine Oibald, qui
tenait l'avouerie du monastère de Lobbes, fut l'auteur des travaux
d'agrandissement et d'embellissement de cet édifice. Il restaura le
cloître des chanoines, contruisit la chapelle de Saint-Nicolas, éleva

---

[1] GHESQUIÈRE, *Acta SS. Belgii selecta*, t. VI, p. 283.

[2] PERTZ, *Monumenta Germaniæ historica*, t. IV, p. 70

[3] D'ACHERY, *Spicilegium*, t. II, p. 744. — GILLES WAULDE, *Chronique de
Lobbes*, p. 362.

la tour qui occupe l'extrémité occiden   et agrandit l'église « qui
n'alloit que jusque-là où sont à présent les degrés du presbyterium ;
il le fit avanchier plus oultre sur les criptes où avoient esté mis les
corps de S. Ursmer et de S. Erme[1]. » On lui reproche d'avoir boule-
versé les tombeaux des abbés et des religieux qui se trouvaient
dans l'ancien chœur. Il ne respecta pas même le corps du B. Anson
qu'il fit transporter « en bas à l'embouchure de la cave par le costé
du midy, [2] dedans le mur du nouveau cuer [3]. » « En quoy ledit
Oilbaude fit très-mal, ajoute l'auteur du *Mémoir curieux*, car
prélats et notaibles personnaiges avoient des tumbes de marbre
sur lesquelz estoient escrit quels personnaiges posoient en chescuns
lieux desquels il a osté la cognoissance à leurs successeurs par le
remouvement desdits tombaux. » Les annalistes en énumérant les
travaux exécutés par Oibald, font connaître qu'il employa une ourse
apprivoisée pour le transport des matériaux au sommet de la
Colline [4].

L'œuvre entreprise par le prévôt de l'abbaye de Saint-Pierre étant
achevée, on procéda à la bénédiction de l'église de Saint-Ursmer.
Otbert, évêque de Liége présida cette cérémonie qui se fit avec
beaucoup de solennité, le 20 janvier 1095. Ce prélat dédia en même
temps l'autel de la crypte au glorieux martyr S. Lambert [5].

Après la translation du chapitre de S. Ursmer en l'église paroissiale de Binche, l'église de la Colline perdit son titre de collégiale
(1409). Le cloître et les habitations des chanoines furent démolis
plus tard. Des restaurations maladroites ou des travaux d'embellissement d'un mauvais goût qu'on fit à l'église de Saint-Ursmer en
altérèrent le caractère architectural. Parmi ces ouvrages, nous
citerons la pose de quatre colonnes octogones entre les piliers
carrés qui soutiennent les arcades de la grande nef ; la maçonnerie
qui bouchait jusqu'au deux tiers de leur hauteur les arcades de
l'avant-chœur ; la substitution de l'arc ogive à l'arc plein cintre

---

[1] *Mémoir curieux*. Ms. de l'abbaye de Lobbes, p. 79.

[2] GILLES WAULDE, *Chronique de Lobbes*, p. 390.

[3] *Mémoir curieux*, p. 80.

[4] *Continuatio Fulcuini de gestis abbatum Lobiensium*, apud D'ACHERY, *Spicilegium*, t. II, p. 745.

[5] D'ACHERY, *loc. cit.*, t. II, p. 746.

dans le bas-côté droit et dans plusieurs fenêtres ; la voûte qui fut exécutée, en 1757, sous l'abbé Paul Dubois. Notons que les entrepreneurs du plafond de la grande nef démontèrent le jubé placé à l'entrée du chœur entre les autels de Ste Anne et de Ste Catherine, que l'on fit disparaître également. Cette entreprise coûta la somme de 2,240 florins, monnaie de Liége [1].

A la restauration du culte qui eu lieu en l'an XI de la République, la paroisse de Lobbes devint une succursale du décanat de Thuin. Le couvent des capucins de cette ville ayant été supprimé pendant la révolution française, la fabrique de l'église Saint-Ursmer acquit l'autel de leur chapelle, qui fut transporté à Lobbes. En posant cette œuvre d'art dans le sanctuaire, on mura les trois fenêtres romanes du chevet et l'on pratiqua deux longues et étroites ouvertures aux deux côtés de l'autel principal pour éclairer le chœur.

L'église paroissiale de Lobbes, de même que les ruines de l'abbaye de Saint-Pierre, resta longtemps dans un profond oubli. Les touristes et surtout les amis des beaux-arts ne visitèrent ces lieux célèbres que quand le goût de l'archéologie commença à poindre en Belgique après notre émancipation politique. L'un des hommes les plus éclairés dans cette science, A. Schayes, de Louvain, se rendit à Lobbes en 1834 et y examina minutieusement les derniers vestiges du monastère et l'édifice religieux qui fait l'objet de notre étude. A la suite de son excursion, ce savant architectonographe publia un article intitulé : *L'abbaye et l'église paroissiale de Lobbes*, dans le *Messager des sciences historiques de Belgique*, t. II, pp. 383-402. Cette notice qui se termine par l'expression d'un vœu en faveur de la publication d'une histoire de l'Architecture en Belgique [2], éveilla l'attention de l'État. Vers 1840, le marquis de Beaufort, président de la Commission royale des monuments, fit aussi une promenade à Lobbes. L'église de Saint-Ursmer fut ensuite classée parmi les édifices publics, et sa restauration recommandée à la sollicitude du gouvernement.

La foudre, qui, en 1776, frappa l'église de Lobbes, sans y occa-

---

[1] *Archives de la fabrique de l'église de Saint-Ursmer, à Lobbes.*

[2] Antoine Schayes fit paraître lui-même cet ouvrage en 2 vol. in-12. Bruxelles, 1855. Alex. Jamur, édit.

sionner aucun dégât, tomba sur le clocher de ce monument dans la soirée du 19 février 1860, et réduisit la flèche en cendres. Le reste du temple paroissial fut conservé, grâce au concours actif et dévoué du corps des pompiers de Thuin qui seconda courageusement les habitants accourus en foule sur le lieu du sinistre.

Cette église qui avait été l'objet des études de plusieurs membres de la Commission royale des monuments, dans le but d'en provoquer la restauration, attendit longtemps avant qu'un architecte eût réussi à faire adopter un projet conforme aux exigences de l'histoire et de la science archéologique. Les premiers projets de restauration qui parurent furent mis à l'écart. M. Carpentier, architecte à Belœil, parvint à faire accepter ses plans, en 1865; ils furent depuis mis à exécution, et l'église de Saint-Ursmer est aujourd'hui, dans le style roman de la fin du XIe siècle. Cet artiste habile a cherché à atteindre ce but : 1° en supprimant les quatre colonnes octogones de la nef principale et en rétablissant les grandes arcades à plein cintre ; 2° en dégageant les colonnettes de l'avant-chœur ; 3° en substituant deux fenêtres romanes aux fenêtres ogivales des chapelles de la Sainte Vierge et de Saint-Ursmer ; 4° en ouvrant trois fenêtres romanes au chevet du chœur ; 5° en enlevant le plâtre qui recouvrait les colonnes, les piliers et les murailles : 6° en construisant une tour centrale au point d'intersection des transsepts ; 7° en remplaçant par une tour à batière le clocher bâti en tête des nefs ; 8° en rétablissant dans le style roman les fenêtres qui répandent la lumière dans l'intérieur de l'édifice. Le devis de la dépense de ces divers travaux montait à 72,525 francs. Le Conseil communal de Lobbes dans sa séance du 19 mars 1864 avait adopté les plans de restauration de M. Carpentier et avait proposé aux autorités compétentes de faire supporter les frais de leur exécution de la manière suivante :

Un tiers par la commune, ou . . . . 24,175 fr.
Un tiers par la province, ou . . . . . 24,175 »
Un tiers par l'État, ou . . . . 24,175 »

Total . . . . . 72,525 fr.

Des subsides furent votés par le Conseil provincial de Hainaut, et de son côté, l'État prêta son concours financier à la commune de

Lobbes, dans le courant de l'année 1865, pour l'aider à la restauration de l'un des plus beaux monuments religieux que nous ait légué le XIe siècle.

Passons maintenant à la description de cette église monumentale. On y arrive par un perron qui compte soixante-onze fortes marches. A la première vue, on reconnaît dans ce temple tous les caractères du style roman. Pris extérieurement dans son ensemble, il est de la plus grande simplicité ; on n'y voit aucun arc-boutant, aucun contrefort qui dissimule la nudité des murs. C'est une construction en pierres brutes et de différentes dimensions, sans ordre ni rang d'assises.

L'église de Lobbes présente une basilique en croix latine dont les transsepts et le chœur sont terminés par des murs plats. Cet édifice a 71 mètres 50 centimètres ou 243 pieds de longueur dans œuvre, 23 mètres 90 centimètres de largeur aux transsepts et 15 mètres 25 centimètres aux nefs ; sa hauteur sous clef est de 18 mètres 75 centimètres. Le sol du sanctuaire est de 4 mètres 30 centimètres plus élevé que celui de la partie postérieure du porche, laquelle s'étend en deçà de la tour. Ce porche est divisé en trois compartiments. On passe du premier qui a 6 mètres 70 centimètres de longueur, au second placé au-dessous de la tour et mesurant 7 mètres 60 centimètres, par un escalier de cinq marches. Du second on monte par trois degrés au dernier dont la longueur est de 8 mètres 20 centimètres. La nef centrale compte 20 mètres. Le chœur est partagé en deux parties distinctes. Pour arriver à la première qui a 13 mètres 80 centimètres de longueur et 8 mètres de largeur, on doit franchir six degrés ; puis on monte par neuf marches au sanctuaire dont la longueur est de 15 mètres 50 centimètres et la largeur de 7 mètres 50 centimètres.

Retournons au portail. La porte principale d'entrée est couronnée d'un arc ogival, dont l'archivolte ornée de quatre rangs de tores séparées par de profondes cannelures, s'appuie sur des colonnettes groupées. Cette porte donne accès au premier compartiment du porche. Là, il s'en trouve une seconde de moindre dimension, mais presque conforme à la précédente en ce qui concerne sa structure ; elle débouche dans le compartiment médial du porche, lequel ne reçoit le jour que par deux ouvertures opposées en forme de meurtrières fort allongées. La voûte du porche entier, qui est comme un long vestibule, est fort basse et retombe sur des piliers engagés ; elle présente un berceau dans toute la longueur des deux premières parties, tandis que celle du compartiment antérieur est renforcée par des arcs doubleaux et coupée par quatre arêtes qui se croisent par le milieu.

L'église paroissiale de Lobbes a trois nefs et deux chœurs dont le premier seulement est pourvu de bas-côtés. La division de la nef centrale est formée par six piliers carrés qui supportent des arcades d'une dimension beaucoup plus restreinte que les précédentes et qui sont comprises sous un grand arc muré et en anse de panier ; il s'en trouve quatre à droite et un même nombre à gauche ; elles s'appuient sur cinq colonnettes dont les extrêmes sont engagées.

Lorsqu'on pénètre dans ce temple, ce qui frappe tout d'abord, c'est un aspect sombre et mystérieux qui règne dans la partie inférieure. Le vaisseau reçoit le jour par quarante-deux fenêtres romanes. Le chevet du chœur est décoré de trois arcades simulées, surhaussées, formées de deux cintres juxtaposés et encadrant chacune une fenêtre cintrée. D'autres arcades et une fenêtre de même forme se dessine sur le nu du mur méridional. La tour centrale n'est pas très-élevée : elle offre sur chacune de ses faces un seul rang d'arcatures et de fenêtres géminées. La flèche qui lui sert de couronnement affecte la forme octogone. L'autre tour qui se compose de trois étages se termine par un toit en bâtière ou à double égoût.

Outre l'autel principal, l'église en renferme quatre autres secondaires, savoir : l'autel de la Sainte-Vierge qui se trouve dans le transsept septentrional ; celui de Saint-Ursmer qui est érigé dans le transsept méridional ; celui des Fidèles-Trépassés, anciennement de de Saint-Thomas, qui s'élève dans la partie postérieure du temple, du côté gauche ; et celui de Sainte-Reinelde, qui subsiste au côté opposé.

Nous nous abstiendrons de décrire ici la crypte qui s'étend sous le sanctuaire de l'église de Saint-Ursmer, attendu que ce monument a déjà fait l'objet d'un article spécial, publié dans la *Revue de l'Art chrétien*, 1867 ; t. XI, p. 97-102.